Cuentos para empezar

CENICIENTA

por Patricia y Fredrick McKissack
ilustrado por Tom Dunnington
Traductora: Lada Josefa Kratky
Consultante: Roberto Franco
Preparado bajo la dirección de Robert Hillerich, Ph.D.

CHILDRENS PRESS®
CHICAGO

Library of Congress Cataloging-in-Publication Data

McKissack, Pat, 1944-
Cenicienta.

(Cuentos para empezar)
Traducción de: Cinderella.
Resumen: Una versión fácil de leer de la historia de Cenicienta y el gran baile a que asistió.
[1. Cuentos de hadas. 2. Folklore—Francia. 3. Materiales en español] I. McKissack, Fredrick. II. Dunnington, Tom, il. III. Hillerick, Robert L., 1927- IV. Título. V. Serie: Cuentos para empezar.
PZ74.M36 1986 398.2′1 [E] 86-21526
ISBN 0-516-32361-X Library Bound
ISBN 0-516-52361-9 Paperbound

Printed in the United States of America.
4 5 6 7 8 9 10 R 94 93 92 91 90

—¡Cenicienta!
¡Trabaja, trabaja,
trabaja, Cenicienta!

—Haz esto.

—Haz eso.

—Cenicienta, para.

—Cenicienta, anda.

—Cenicienta, sí.
—Cenicienta, no.

—¡Trabaja, trabaja,
trabaja, Cenicienta!

Big
Ball
Dance

—Hay un baile esta noche.

—Cenicienta, tú no puedes ir. ¡No, no! Tú no puedes ir.

—¿Cenicienta?

—¿Me llamaste?

—¿Quién eres? ¿Es eso
para mí? ¡Ay, mírame!

—Anda, Cenicienta. Pero vuelve a la casa a las doce. Ahora, anda, anda. Que te vaya bien.

Y así lo hizo Cenicienta.

Bailó con el príncipe.
No quería parar.

El no quería parar.
Pero era hora de irse.

—No, no. No te vayas.
¿Quién eres? Para. Para.
Ay, no.

—Trabaja, trabaja,
trabaja, Cenicienta.

—Cenicienta, dame más.

—Cenicienta, ayúdame con esto.

Y ahora, ¿qué pasa?
Ay, y ahora, ¿qué?
Ahí viene un hombre.
¿Qué quiere?

Ay. Ay. Es el príncipe.
Tiene un zapato.

—No. No. No.

—No. No. Es muy pequeño.

—Cenicienta.

—Sí, sí, sí.

—Este es tu zapato.
Y tú eres para mí.

El príncipe estaba feliz.
Cenicienta estaba feliz.

Toda la gente estaba feliz.

LISTA DE PALABRAS

a
ahí
ahora
anda
así
ay
ayúdame
baile
bailó
bien
casa
Cenicienta
con
dame
de
doce
el
él
era
eres
es
eso
esta
estaba
éste
esto
feliz
gente
haz
hay
hizo
hombre
hora
ir
irse
la
las
lo
llamaste
más
me
mí
mírame
muy
no
noche
para
parar
pasa
pequeño
pero
príncipe
puedes
que
qué
quería
quién
quiere
sí
te
tiene
toda
trabaja
tu
tú
un
vaya
vayas
viene
vuelve
y
zapato

Sobre los autores

Patricia y Frederick McKissack son escritores, editores y maestros de composición escrita. Son propietarios de All-Writing Services, un negocio situado en Clayton, Missouri. Desde el año 1975, los McKissack han publicado varios artículos de revistas y varios cuentos para lectores jóvenes y adultos. También han dirigido clases de educación y redacción por todo el país. Los McKissack viven con sus tres hijos en una casa remodelada en el centro de la ciudad de San Luis.

Sobre el ilustrador

Tom Dunnington es de la región del oeste medio de los Estados Unidos, y ha vivido en Minnesota, Iowa, Illinois e Indiana. Asistió al Instituto de arte de John Herron en Indianapolis y a la Academia americana de arte y al Instituto de arte de Chicago. Ha sido maestro de arte e ilustrador por varios años. Además de ilustrar libros, el señor Dunnington está pintando una serie de cuadros de los pájaros que están a punto de ser extinctos (los cuales serán impresos en una edición limitada). Actualmente vive en Oak Park, Illinois, donde trabaja como ilustrador y participa activamente en proyectos de la iglesia y de la comunidad para la juventud.